歌川広重
［名所江戸百景］

大胆に紡がれる表情豊かな観光名所
風情が織りなす江戸の四季

SEIGENSHA

「名所江戸百景」によせて

広重は「東海道五拾三次」を描いた絵師として広く知られているが、生涯でもっとも数多く手がけたのは江戸の名所絵であろう。そのほとんどは複数図がセットになる揃物で、規模も大小さまざまだが、中でも最晩年にあたる安政3（1856）年から5年にかけて出版された「名所江戸百景」は100枚を優に越える規模を誇り、彼の江戸名所絵の揃物を代表する大作となっている。

この揃物は当初こそ江戸の地誌である『江戸名所図会』の挿絵に倣い、俯瞰でもって名所の景観をつぶさに描き出そうとしているが、やがて画面手前の事物の一部を極端にクローズアップし、その向こうに水平視した名所の風景を小さく覗き見せる大胆な構図へと変化していった。

そもそも江戸の名所絵は、他邦から江戸に出て来た人々が国元への土産として買い求めるものであった。しかしながら、近景を大きな事物が占めることで名所の景観を具体的に描写することが犠牲となっても、絵師と鑑賞者とが視線を共有しているような感覚を覚えさせるこの構図は、江戸の町に住み慣れた人々を買い手に想定したことによるのかもしれない。

この揃物は目録1枚を加えた画帖のかたちでも販売されていた。高級仕様の丁寧な摺りの揃いだと、現在のお金に換算すれば数万円もするものだったと思われる。手軽な土産品というよりも、豪華な風景画集に近い商品だったのだろう。

見る者の視覚に鮮烈に訴えるこの揃物の構図は、江戸をはじめ京都・大坂の名所を描く幕末明治の錦絵の手本となっただけでなく、印象派の画家たちにも大きな影響を与えている。

国立歴史民俗博物館・教授　大久保純一

名所江戸百景　目次

1、日本橋雪晴［にほんばしゆきばれ／東京都中央区］
2、山下町日比谷外さくら田［やましたちょうひびやそとさくらだ／東京都千代田区］
3、永代橋佃しま［えいたいばしつくだじま／東京都中央区］
4、上野清水堂不忍ノ池［うえのきよみずどうしのばずのいけ／東京都台東区］
5、下谷広小路［したやひろこうじ／東京都台東区］
6、亀戸梅屋舗［かめいどうめやしき／東京都江東区］
7、隅田川水神の森真崎［すみだがわすいじんのもりまさき／東京都墨田区］
8、真崎辺より水神の森内川関屋の里を見る図
［まさきあたりよりすいじんのもりうちかわせきやのさとをみるず／東京都荒川区］
9、日本橋江戸ばし［にほんばしえどばし／東京都中央区］
10、日本橋通一丁目略図［にほんばしとおりいっちょうめりゃくず／東京都中央区］
11、水道橋駿河台［すいどうばしするがだい／東京都千代田区］
12、佃しま住吉の祭［つくだじますみよしのまつり／東京都中央区］
13、大はしあたけの夕立［おおはしあたけのゆうだち／東京都中央区］
14、堀切の花菖蒲［ほりきりのはなしょうぶ／東京都葛飾区］
15、亀戸天神境内［かめいどてんじんけいだい／東京都江東区］
16、利根川ばらばらまつ［とねがわばらばらまつ／東京都江戸川区］
17、市中繁栄七夕祭［しちゅうはんえいたなばたまつり／東京都中央区］
18、神田紺屋町［かんだこんやまち／東京都千代田区］
19、京橋竹がし［きょうばしたけがし／東京都中央区］
20、高輪うしまち［たかなわうしまち／東京都港区］
21、上野山内月のまつ［うえのさんないつきのまつ／東京都台東区］
22、猿わか町よるの景［さるわかちょうよるのけい／東京都台東区］
23、真間の紅葉手古那の社継はし［ままのもみじてこなのやしろつぎはし／千葉県市川市］
24、両国花火［りょうごくはなび／東京都墨田区］
25、浅草金龍山［あさくさきんりゅうざん／東京都台東区］
26、よし原日本堤［よしわらにほんづつみ／東京都台東区］
27、浅草田圃酉の町詣［あさくさたんぼとりのまちもうで／東京都台東区］
28、深川木場［ふかがわきば／東京都江東区］
29、深川洲崎十万坪［ふかがわすざきじゅうまんつぼ／東京都江東区］
30、びくにはし雪中［びくにはしせっちゅう／東京都中央区］
31、王子装束ゑの木大晦日の狐火［おうじしょうぞくえのきおおみそかのきつねび／東京都北区］
32、赤坂桐畑雨中夕けい（二代広重画）［あかさかきりはたうちゅうゆうけい／東京都港区］

以上は、画題［読みがな／現在の地名］を記している。サイズはすべて大判（約32.0×21.0cm）。

名所江戸百景
日本橋
雪晴
廣重画

郵便はがき

名所江戸百景　日本橋雪晴

安政3(1856)年　大判錦絵（竪絵）

東京藝術大学所蔵

Hiroshige Utagawa SEIGENSHA

名所江戸百景
山下町日比谷外さくら田
廣重画

郵便はがき

名所江戸百景　山下町日比谷外さくら田

安政4(1857)年　大判錦絵（竪絵）

東京藝術大学所蔵

Hiroshige Utagawa SEIGENSHA

名所江戸百景
永代橋
佃しま
広重画

郵便はがき

名所江戸百景　永代橋佃しま
安政4(1857)年　大判錦絵（堅絵）
東京藝術大学所蔵
Hiroshige Utagawa SEIGENSHA

名所江戸百景
上野清水堂不忍池
廣重画

郵便はがき

名所江戸百景　上野清水堂不忍ノ池

安政3(1856)年　大判錦絵（竪絵）

東京藝術大学所蔵

Hiroshige Utagawa SEIGENSHA

名所江戸百景
下谷廣小路
廣重画

郵便はがき

名所江戸百景　下谷広小路

安政3(1856)年　大判錦絵（竪絵）

東京藝術大学所蔵

Hiroshige Utagawa SEIGENSHA

名所江戸百景
亀戸梅屋鋪
廣重画

郵便はがき

名所江戸百景　亀戸梅屋舗

安政4(1857)年　大判錦絵（竪絵）

東京藝術大学所蔵

Hiroshige Utagawa SEIGENSHA

名所江戸百景
隅田川水神の森真崎
広重画

郵便はがき

名所江戸百景　隅田川水神の森真崎
安政3(1856)年　大判錦絵（堅絵）
東京藝術大学所蔵
Hiroshige Utagawa SEIGENSHA

名所江戸百景
真崎辺より
水神の森内
川関屋の里
を見る図
広重画

郵便はがき

名所江戸百景　真崎辺より水神の森内川関屋の里を見る図

安政4(1857)年　大判錦絵（竪絵）

東京藝術大学所蔵

Hiroshige Utagawa SEIGENSHA

名所江戸百景
日本橋江戸ばし
廣重画

郵便はがき

名所江戸百景　日本橋江戸ばし
安政4(1857)年　大判錦絵（竪絵）
東京藝術大学所蔵
Hiroshige Utagawa SEIGENSHA

名所江戸百景
廣重画

郵便はがき

名所江戸百景　日本橋通一丁目略図

安政5(1858)年　大判錦絵（竪絵）

東京藝術大学所蔵

Hiroshige Utagawa SEIGENSHA

名所江戸百景
水道橋
駿河臺
廣重画

郵便はがき

名所江戸百景　水道橋駿河台
安政4(1857)年　大判錦絵（堅絵）
東京藝術大学所蔵
Hiroshige Utagawa SEIGENSHA

名所江戸百景
佃しま住吉乃祭
住吉大明神
安政四丁巳六月吉日
佃島氏子中
廣重筆

郵便はがき

名所江戸百景　佃しま住吉の祭
安政4(1857)年　大判錦絵（堅絵）
東京藝術大学所蔵
Hiroshige Utagawa SEIGENSHA

名所江戸百景
大はしあたけの夕立
廣重画

郵便はがき

名所江戸百景　大はしあたけの夕立

安政4(1857)年　大判錦絵（堅絵）

東京藝術大学所蔵

Hiroshige Utagawa SEIGENSHA

名所江戸百景
堀切の花菖蒲
広重画

郵便はがき

名所江戸百景　堀切の花菖蒲

安政4(1857)年　大判錦絵（堅絵）

東京藝術大学所蔵

Hiroshige Utagawa SEIGENSHA

名所江戸百景
亀戸天神境内
廣重画

郵便はがき

名所江戸百景　亀戸天神境内

安政3(1856)年　大判錦絵（竪絵）

東京藝術大学所蔵

Hiroshige Utagawa SEIGENSHA

名所江戸百景
利根川ばら〳〵まつ
廣重画

郵便はがき

名所江戸百景　利根川ばらばらまつ

安政3(1856)年　大判錦絵（堅絵）

東京藝術大学所蔵

Hiroshige Utagawa SEIGENSHA

名所江戸百景
廣重筆

郵便はがき

名所江戸百景　市中繁栄七夕祭

安政4(1857)年　大判錦絵（堅絵）

東京藝術大学所蔵

Hiroshige Utagawa　SEIGENSHA

名所江戸百景
神田紺屋町
廣重画

郵便はがき

名所江戸百景　神田紺屋町

安政4(1857)年　大判錦絵（竪絵）

東京藝術大学所蔵

Hiroshige Utagawa SEIGENSHA

名所江戸百景
京橋竹がし
廣重画

郵便はがき

名所江戸百景　京橋竹がし

安政4(1857)年　大判錦絵（竪絵）

東京藝術大学所蔵

Hiroshige Utagawa SEIGENSHA

名所江戸百景
高輪うしまち
廣重画

郵便はがき

名所江戸百景　高輪うしまち

安政4(1857)年　大判錦絵（堅絵）

東京藝術大学所蔵

Hiroshige Utagawa SEIGENSHA

名所江戸百景
上野山内月のまつ
廣重画

郵便はがき

名所江戸百景　上野山内月のまつ

安政4(1857)年　大判錦絵（竪絵）

東京藝術大学所蔵

Hiroshige Utagawa　SEIGENSHA

名所江戸百景
猿わか町よるの景
広重画

郵便はがき

名所江戸百景　猿わか町よるの景

安政3(1856)年　大判錦絵（竪絵）

東京藝術大学所蔵

Hiroshige Utagawa SEIGENSHA

名所江戸百景
真間の紅葉
手古那の社
継はし
広重画

郵便はがき

名所江戸百景　真間の紅葉手古那の社継はし

安政4(1857)年　大判錦絵（竪絵）

東京藝術大学所蔵

Hiroshige Utagawa　SEIGENSHA

名所江戸百景
両国花火
廣重画

郵便はがき

名所江戸百景　両国花火
安政5(1858)年　大判錦絵（堅絵）
東京藝術大学所蔵
Hiroshige Utagawa SEIGENSHA

名所江戸百景
廣重画

郵便はがき

名所江戸百景　浅草金龍山

安政3(1856)年　大判錦絵（竪絵）

東京藝術大学所蔵

Hiroshige Utagawa　SEIGENSHA

名所江戸百景
よし原
日本堤
廣重画

郵便はがき

名所江戸百景　よし原日本堤

安政4(1857)年　大判錦絵（竪絵）

東京藝術大学所蔵

Hiroshige Utagawa SEIGENSHA

名所江戸百景
浅草田甫酉の町詣
廣重画

郵便はがき

名所江戸百景　浅草田圃酉の町詣

安政4(1857)年　大判錦絵（堅絵）

東京藝術大学所蔵

Hiroshige Utagawa SEIGENSHA

名所江戸百景
深川木場
廣重筆

郵便はがき

名所江戸百景　深川木場

安政3(1856)年　大判錦絵（竪絵）

東京藝術大学所蔵

Hiroshige Utagawa SEIGENSHA

名所江戸百景
深川
洲崎
十万坪
廣重画

郵便はがき

名所江戸百景　深川洲崎十万坪

安政4(1857)年　大判錦絵（竪絵）

東京藝術大学所蔵

Hiroshige Utagawa　SEIGENSHA

名所江戸百景
びくにはし雪中
山くじら
廣重画

郵便はがき

名所江戸百景　びくにはし雪中
安政5(1858)年　大判錦絵（竪絵）
東京藝術大学所蔵
Hiroshige Utagawa　SEIGENSHA

名所江戸百景
王子装束ゑの木
大晦日の狐火
廣重画

郵便はがき

名所江戸百景　王子装束ゑの木大晦日の狐火

安政4(1857)年　大判錦絵（堅絵）

東京藝術大学所蔵

Hiroshige Utagawa SEIGENSHA

名所江戸百景
赤坂桐畑雨中夕けい
廣重画

郵便はがき

名所江戸百景　赤坂桐畑雨中夕けい
（二代広重画）
安政6(1859)年　大判錦絵（竪絵）
東京藝術大学所蔵
Hiroshige Utagawa SEIGENSHA

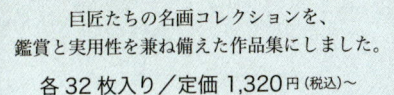

西洋の画家

ルノワール

画面から溢れる光と色彩、ばら色に輝く頬が美しい。「幸福の画家」の名作を収録。

ターナー

驚異的な絵画技法と、画家としての才能、判断力をもつターナーの代表作を収録。

モネ

西洋絵画に自然の光をもたらした「印象派の父」。「睡蓮」など代表作を多数収録。

ミュシャ

アール・ヌーヴォーを代表する画家、ミュシャの人気作品を一挙紹介。

エッシャー

幾何学的構成を駆使して見る者を不思議な世界へ誘うだまし絵の巨匠の代表作を収録。

ムンク

代表作「叫び」をはじめ、油彩・版画など魂を震わせる名作を収録。

マティス

フォーヴィスムを率いた色彩の革命家、マティス。油彩と切り紙絵の名作を収録。

日本の画家

各32枚入り　定価1,320円(税込)～

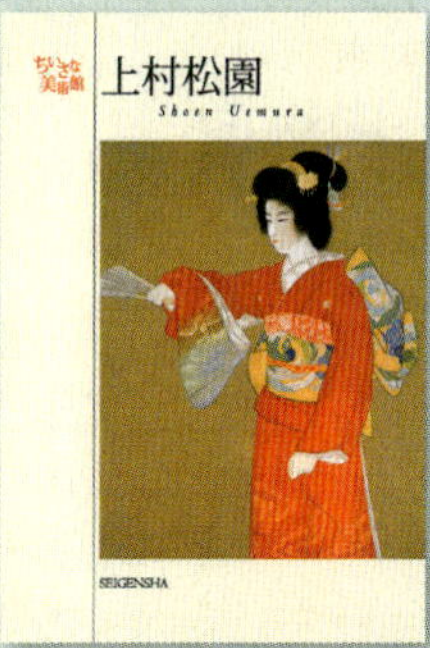

上村松園

気品溢れる美人画で輝かしい足跡を残した上村松園。
「序の舞」ほか代表作を紹介。

竹内栖鳳

軽妙洒脱な自然感を見事に昇華させた栖鳳芸術の優品を全国の美術館よりあつめ紹介。

歌川国芳

国芳の卓越した描写力と自由で奇想天外な発想力から生み出されるよりぬき32作品を収録。

歌川広重
名所江戸百景

広重の晩年の傑作、名所江戸百景。100余りの作品から厳選した32点を収録。

葛飾北斎
冨嶽三十六景

江戸の天才絵師・北斎が千変万化に描いた霊峰富士。

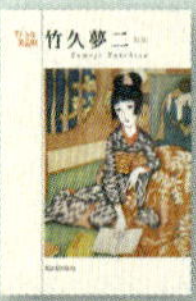

竹久夢二 [新版]

1,540円(税込)

大正ロマンを代表する画家・夢二。美人画を中心に挿絵、版画なども含む優品を紹介。

藤田嗣治

描写の画家　レオナール・フジタ名作の数々を紹介。

30th
SEIGENSHA
ART PUBLISHING

2025年10月11日、青幻舎は創業30周年を迎えます

記念特設サイト

ちいさな美術館

その他のちいさな美術館 ポストカードシリーズはこちらからご覧いただけます。

青幻舎HP

青幻舎のHPでは出版物のほか、関連イベント情報をご覧いただけます。

ご購入のご案内

[ご注文について]

お近くの書店やネット書店へご注文いただくか、もしくは青幻舎オンラインショップをご利用ください。小社へ直接電話にてご注文いただくことも可能です。

[送料について]

青幻舎オンラインショップまたは電話にてご注文いただく場合、送料は660円（離島、沖縄、北海道は1,100円）となります。ただし、ご注文品の税込額が5,500円以上の場合は、送料無料とさせていただきます。
電話にてご注文いただく場合、お支払い方法は代金引換のみとなります。

- お電話でのご注文：075-252-6766
- 青幻舎オンラインショップからのご注文
  https://shop.seigensha.com

青幻舎オンラインショップ

万一、ご購入いただいた書籍に乱丁、落丁がありました場合は、小社宛に着払いにてお送りください。送料小社負担にてお取替えさせていただきます。

株式会社 青幻舎
www.seigensha.com
京都市中京区梅忠町9-1 TEL：075-252-6766 FAX：075-252-6770
東京都千代田区神田錦町3-14-3-6F TEL：03-6262-3420 FAX：03-6262-3423

〒604-8790

料金受取人払郵便

中京局
承認

8600

（切　手　不　要）

差出有効期間
2027年3月31日まで

025

〈受取人〉
京都市中京区梅忠町9-1

株式会社
青幻舎
行

お名前（フリガナ）	性別　男・女・回答しない　　年齢　　歳
ご住所　〒	
E-mail	ご職業

青幻舎からの
新刊・イベント情報を
希望しますか？

□する　□しない

読者アンケートは、弊社HPでも
承っております。

最新情報・すべての刊行書籍は、
弊社HPでご覧いただけます。

青幻舎　検索

https://www.seigensha.com

読者アンケート

ご記入いただいた個人情報は、所定の目的以外には使用いたしません。

〈プライバシーポリシー〉https://www.seigensha.com/privacy

お買い上げの書名	ご購入書店

本書をご購入いただいたきっかけをお聞かせください。

□ 著者のファン　□ 店頭で見て

□ 書評や紹介記事を見て（媒体名　　　　　　　　　　　　　　　）

□ 広告を見て（媒体名　　　　　　　　　　　　　　　　　）

□ 弊社からの案内を見て（HP・メルマガ・Twitter・Instagram・Facebook）

□ その他（　　　　　　　　　　　　　　　　　　　　）

本書についてのご感想、関心をお持ちのテーマや注目の作家、弊社へのご意見・ご要望がございましたらお聞かせください。

お客様のご感想をHPや広告など本のPRに、匿名で活用させていただいてもよろしいでしょうか。

□はい　□いいえ

ご協力ありがとうございました。

アンケートにご協力いただいた方の中から毎月抽選で５名様に景品を差し上げます。当選者の発表は景品の発送をもってかえさせていただきます。

詳細はこちら https://www.seigensha.com/campaign